INHALT

MEIN TIERISCH LUSTIGES STRICKLIESEL BUCH

EMF
EIN BUCH DER
EDITION MICHAEL FISCHER

VORWORT

Es ist zwar schon eine Weile her, aber ich habe selbst als Kind unzählige Schnüre mit der Strickliesel gestrickt, weil es einfach riesigen Spaß macht, etwas aus einem Knäuel Wolle entstehen zu lassen und der Schnur beim Wachsen zuzusehen. Mit den fertigen Schnüren habe ich damals jedoch nur selten etwas gemacht.
Da das aber viel zu schade ist und doch jeder ein Lieblingstier hat, dachte ich, warum nicht beides miteinander verbinden? Also schnapp dir die Strickliesel, fertige bunte Schnüre an und bastel dir deine Lieblingstiere.

Viel Spaß! Sarah

GRUNDLAGEN

MATERIAL

Natürlich brauchst du zuallererst eine **Strickliesel**, eine **Häkelnadel** und **Garn**, um die Schnüre zu machen, aus denen unsere Tiere entstehen werden. Als Garn eignet sich dünnes Baumwollgarn sehr gut.

Für die Körper der Tiere benötigst du jeweils ein **Styropor®-Ei** mit einem Durchmesser von 6 cm, um das die Schnüre herumgeklebt werden. Um den Tieren ein Gesicht und ein paar Details zu verpassen, nutzen wir **Bastelfilz**, den es in allen Farben gibt. Für die Augen nehmen wir **Halbperlen** mit einem Durchmesser von 5 mm.

Außerdem brauchst du Kleber. Am wichtigsten ist der normale **Bastelkleber**. Für die Augen ist ein **Schmucksteinkleber** sehr praktisch, da er eine dünne Spitze hat und sich so gut dosieren lässt. Um die ausgeschnittenen Filzteile aufzukleben, eignet sich **Heißkleber** am besten, weil er schnell trocknet und alles gut zusammenhält.

! Frage beim Kleben mit der Heißklebepistole eine*n Erwachsene*n um Hilfe. !

Neben diesen speziellen Materialien brauchen wir auch noch ein paar Dinge, die du bestimmt zu Hause hast: eine **Schere**, eine **Wollnadel**, einen **Stift** und ein paar **Reißnägel oder Stecknadeln**.

Zum Abpausen der Vorlagen brauchst du noch **Transparentpapier**. Um abzupausen legst du das Transparentpapier auf die Vorlage, zeichnest die Linien mit einem Stift nach und schneidest sie aus. Die so entstandene Schablone kannst du jetzt auf den Filz legen und mit einem Stift übertragen. Jetzt musst du nur noch dein Filzteil ausschneiden.

SCHNÜRE MIT DER STRICKLIESEL MACHEN – SO GEHT'S

1. Fädle das Garn von oben nach unten durch die Strickliesel. Am leichtesten geht es, wenn du eine kleine Schlinge knotest und diese mit der Häkelnadel durch die Strickliesel durchziehst. → **Bild 1**

2. Halte mit einer Hand das untere Fadenende fest und wickle mit der anderen Hand das Fadenende, das mit dem Knäuel verbunden ist, im Uhrzeigersinn um die erste Öse. → **Bild 2**

3. Gehe rechts herum weiter und umwickle Öse für Öse im Uhrzeigersinn. → **Bild 3** Führe dann den Faden rechts neben der zuerst umwickelten Öse nach außen.

4. Jetzt legst du den Faden von außen entlang der nächsten Öse nach links und hebst mit der Häkel- oder Stricknadel den Faden aus der ersten Runde darüber und über die Öse. → **Bild 4 und 5**

5. So strickst du, wie im 4. Schritt beschrieben, im Uhrzeigersinn jede Öse nacheinander ab. Ziehe dabei immer wieder die entstehende Schnur mit dem Fadenende durch die Strickliesel nach unten.

6. Wenn du die Schnur beenden möchtest, schneide den Faden durch und fädle das Ende in eine Wollnadel. Die Wollnadel führst du nacheinander durch deine Maschen und lässt diese anschließend von den Ösen gleiten. → **Bild 6**. Vernähe beide Fadenenden.

Um einen Pfeifenreiniger in deine Schnur einzuarbeiten, steckst du nach ein paar Runden den Pfeifenreiniger in die Mitte deiner Schnur und arbeitest, wie oben beschrieben, weiter um den Pfeifenreiniger herum.

1
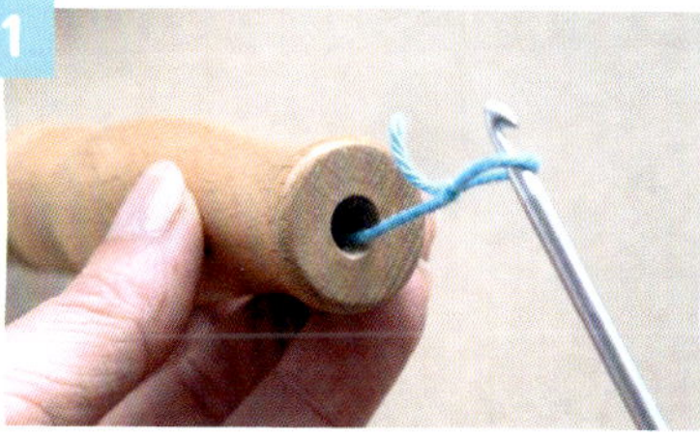
2

3

4
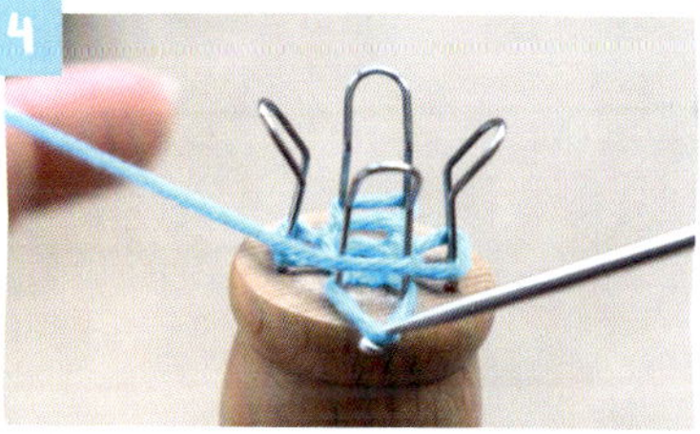
5

6
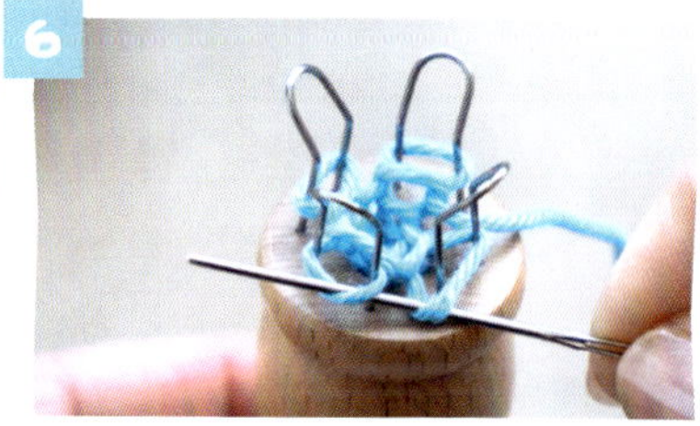

SCHNÜRE KÜRZEN

1. Um eine fertige Schnur zu kürzen, schneidest du sie ca. 2 cm länger als das Stück, das du benötigst, ab und ziehst solange an dem Fadenende, bis die Schnur die gewünschte Länge hat. → **Bild 1 und 2**

2. Jetzt fädelst du das Fadenende durch eine Wollnadel und führst diese nacheinander durch alle 4 Maschen. Ziehe am Faden, um das Ende zu schließen, und vernähe den Faden. → **Bild 3**

1

2

3

PINGUIN

ca. 5 x 5 x 7 cm

SCHWIERIGKEIT

MATERIAL

Styropor®-Ei ø 6 cm

Wolle in
- Weiß
- Grau

Bastelfilz in
- Schwarz
- Weiß
- Orange

2 Halbperlen in
- Schwarz ø 5 mm

Vorlagen
- Gesicht spitz
- Auge normal
- Schnabel spitz
- Flügel
- Fuß

ANLEITUNG

1. Arbeite mit der Strickliesel eine ca. 10 cm lange Schnur in Weiß und eine ca. 112 cm lange Schnur in Hellgrau. Vernähe die Fäden am Anfang und am Ende der Schnüre.

2. Die Spitze des Eis zeigt nach oben. Trage in der unteren Hälfte mittig Bastelkleber auf und drücke die weiße Schnur spiralförmig, zu einem Kreis gelegt, darauf fest. Nimm dir einen Reißnagel oder Stecknadeln zu Hilfe. → **Bild 1**

3. Arbeite dich mit der hellgrauen Schnur in Runden um das Ei, indem du immer wieder Kleber aufträgst und die Schnur andrückst. Beginne dabei am unteren Ende der weißen Schnur. → **Bild 2**

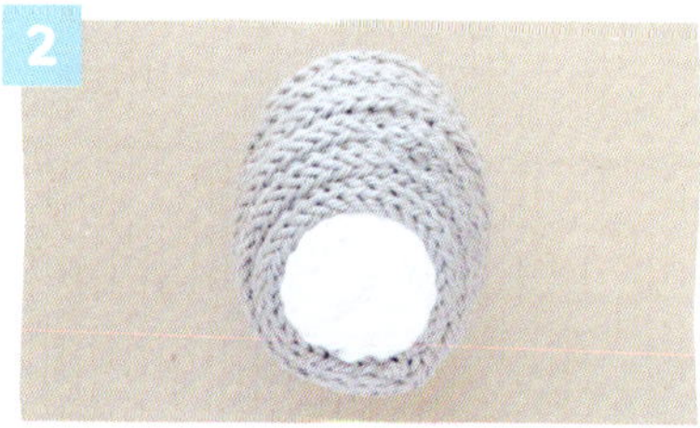

4. Schneide nach den Vorlagen am Ende des Buchs folgende Teile aus Filz zu: in Schwarz 1x Gesicht spitz, in Weiß 2x Auge normal und in Orange 1x Schnabel spitz. → **Bild 3**

5. Klebe den Schnabel mit Heißkleber auf den unteren Teil des Gesichts und die Augen aus Filz darüber. Klebe mit Schmucksteinkleber die 5-mm-Halbperlen auf die Augen aus Filz. → **Bild 4**

6. Schneide nach der Vorlage hinten im Buch 2x das Teil Flügel aus schwarzem Filz aus und klebe sie mit Heißkleber seitlich an den Körper, drücke dabei nur den oberen und mittleren Teil am Körper fest. → **Bild 5**

7. Schneide nach der Vorlage am Ende des Buchs 2x das Teil Fuß aus orangefarbenem Filz zu. Klebe die Füße mit Heißkleber auf die Unterseite des Eis. Klebe den Kopf mit Heißkleber am oberen Ende des Eis fest, drücke dabei nur den unteren Teil des Kopfes fest. → **Bild 6**

BIENENKORB

ca. 11,5 x 5 x 8 cm

SCHWIERIGKEIT

MATERIAL

Styropor®-Ei ø 6 cm
Wolle in
- Gelb
- Dunkelbraun

Bastelfilz in
- Gelb
- Schwarz
- Dunkelbraun
- Hellgrün
- Dunkelgrün

1 Pfeifenreiniger in
- Dunkelbraun, 11 cm lang

Vorlagen
- Eingang Bienenkorb
- Biene
- Blatt

ANLEITUNG

1. Arbeite mit der Strickliesel eine ca. 125 cm lange Schnur in Gelb und vernähe die Fäden am Anfang und am Ende der Schnur.

2. Trage am spitzen Ende des Styropor®-Eis Bastelkleber auf und drücke den Anfang der Strickschnur fest. Nimm dir einen Reißnagel oder Stecknadeln zu Hilfe. ⇒ **Bild 1**

3. Arbeite dich in Runden um das Ei herum, indem du immer wieder Kleber aufträgst und die Schnur andrückst. Arbeite dich weiter mit der Schnur um das Ei, bis es fast vollständig bedeckt ist.

4. Für einen besseren Stand kannst du unten in der Mitte ein Stück vom Ei frei lassen. Kürze die Schnur am Ende, falls nötig. ⇒ **Bild 2**

1

2

3

4

5

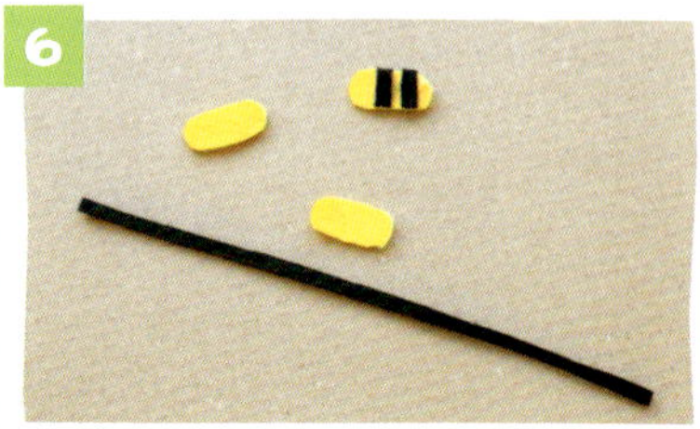
6

5. Schneide nach den Vorlagen am Ende des Buchs in Dunkelbraun 1x Eingang Bienenkorb aus Filz zu. Klebe den Kreis als Eingang mit Heißkleber auf den Bienenkorb. ⇒ **Bild 3**

6. Arbeite mit der Strickliesel eine ca. 11cm lange Schnur in Dunkelbraun mit dem dunkelbraunen Pfeifenreiniger im Inneren und vernähe die Fäden. Das wird der Ast. Schneide mithilfe der Vorlage am Ende des Buchs in Dunkelgrün und in Hellgrün jeweils 2x das Teil Blatt aus, sodass du insgesamt vier Blätter hast. Klebe sie mit Heißkleber an den Ast. ⇒ **Bild 4**

7. Den Ast klebst du mit Heißkleber leicht seitlich an die Spitze des Bienenkorbs. ⇒ **Bild 5**

8. Schneide nach den Vorlagen am Ende des Buchs 4x das Teil Biene aus gelbem Filz zu und zusätzlich einen ca. 4 cm langen und ca. 0,5 cm breiten Streifen aus schwarzem Filz. Schneide den Streifen in kleinere Stücke, die so lang sind, wie die Bienen breit. Klebe immer 2 Streifen schwarzen Filz auf die Bienen. ⇒ **Bild 6**

9. Klebe die Bienen mit Heißkleber an den Bienenkorb.

WAL

ca. 13 x 5 x 8cm

SCHWIERIGKEIT

MATERIAL

Styropor®-Ei ø 6 cm

Wolle in
- Weiß
- Blau

Bastelfilz in
- Weiß
- Blau

1 Pfeifenreiniger in
- Blau, 28cm lang

1 Pfeifenreiniger in
- Weiß, 10cm lang

2 Halbperlen in
- Schwarz ø 5mm

Vorlagen
- Auge normal
- Flosse groß

ANLEITUNG

1. Arbeite mit der Strickliesel eine ca. 53cm lange Schnur in Blau und eine ca. 51cm lange Schnur in Weiß für den Körper. Für die Schwanzflosse arbeitest du eine ca. 28cm lange Schnur mit einem blauen Pfeifenreiniger im Inneren. Vernähe die Fäden am Anfang und am Ende der Schnur.

2. Biege die Enden der blauen Schnur mit dem Pfeifenreiniger so, dass du die Mitte findest. Trage am dicken Ende des Styropor®-Eis Bastelkleber auf und drücke die Mitte der Schnur dort fest. Nimm dir einen Reißnagel oder Stecknadeln zu Hilfe. Trage entlang der Seiten des Eis Kleber auf und klebe die Schnur etwas unterhalb der Spitze des Eis fest. → **Bild 1**

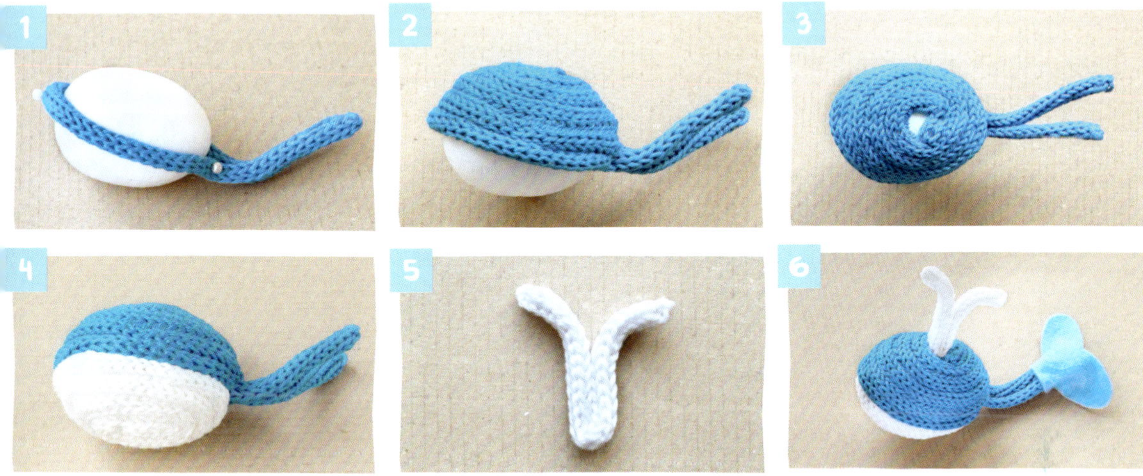

3. Klebe die lange blaue Schnur in Runden um die obere Hälfte des Eis, indem du immer wieder Kleber aufträgst und die Schnur andrückst. Beginne bei der Schwanzflosse und ende oben in der Mitte, wo du ein Loch für die Wasserfontäne freilässt. → **Bild 2 und 3**

4. Klebe die weiße Schnur in Runden um die untere Hälfte des Eis. Beginne auch hier bei der Schwanzflosse und ende unten in der Mitte. → **Bild 4**

5. Arbeite mit der Strickliesel eine ca. 10 cm lange Schnur in Weiß, mit dem weißen Pfeifenreiniger im Inneren und vernähe die Fäden.

6. Biege die weiße Schnur in der Mitte zusammen und biege die Enden auseinander, damit es wie eine Wasserfontäne aussieht. → **Bild 5**

7. Klebe die Wasserfontäne mit Heißkleber in die freie Stelle an der Oberseite des Wals.

8. Schneide nach der Vorlage hinten im Buch 1x das Teil Flosse groß aus blauem Filz zu. Klebe die beiden Schnüre für die Flosse aneinander. Klebe mit Heißkleber die Flosse aus Filz an das Ende der Schnüre. → **Bild 6**

9. Schneide nach der Vorlage hinten im Buch aus weißem Filz 2x das Teil Auge normal zu. Klebe mit Schmucksteinkleber die Halbperlen seitlich auf die Augen aus Filz. Klebe die Augen mit Heißkleber seitlich an den Wal.

ZEBRA

ca. 10,5 x 5 x 7,5cm

SCHWIERIGKEIT

MATERIAL

Styropor®-Ei ø 6 cm

Wolle in
- Schwarz
- Weiß

Bastelfilz in
- Schwarz
- Weiß

2 Halbperlen in
- Schwarz ø 5mm

2 Halbperlen in
- Schwarz ø 4mm

Vorlagen
- Gesicht oval
- Ohr rund klein
- Schwanzspitze

ANLEITUNG

1. Arbeite mit der Strickliesel eine ca. 64cm lange Schnur in Weiß und eine ca. 64cm lange Schnur in Schwarz. Vernähe die Fäden am Anfang und am Ende der Schnüre.

2. Trage am spitzen Ende des Styropor®-Eis Bastelkleber auf und drücke den Anfang der weißen Strickschnur fest. Klebe die schwarze Schnur direkt daneben fest. Nimm dir einen Reißnagel oder Stecknadeln zu Hilfe. **Bild 1**

3. Arbeite dich um das Ei herum, indem du immer wieder Kleber aufträgst und die Schnüre nebeneinander Runde für Runde um das Ei legst. Arbeite dich mit den Schnüren um das Ei, bis es fast vollständig bedeckt ist. Für einen besseren Stand kannst du unten in der Mitte ein Stück vom Ei frei lassen.

Kürze die Schnur am Ende, falls nötig.
→ **Bild 2**

4. Schneide nach den Vorlagen am Ende des Buchs folgende Teile aus Filz zu: in Weiß 1x Gesicht oval, in Schwarz 2x Ohr rund klein. Schneide freihand noch ein paar Fransen für den Pony zu (auf dem Bild ist das das schwarze Filzstück ganz rechts). → **Bild 3**

5. Klebe die Ohren und den Pony mit Heißkleber fest.

6. Klebe mit Schmucksteinkleber die 5-mm-Halbperlen als Augen seitlich unterhalb des Ponys und die 4-mm-Halbperlen für die Nasenlöcher unten am Kopf auf. → **Bild 4**

7. Klebe den Kopf mit Heißkleber am oberen Ende des Eis fest, drücke dabei nur den oberen Teil des Kopfes fest.

8. Schneide einen ca. 4,5cm langen und 1cm breiten Streifen aus schwarzem Filz für die Mähne zu. Schneide entlang der langen Seite immer wieder den Filz ein, ohne ihn durchzuschneiden und klebe ihn dann mit Heißkleber als Mähne vom Kopf über den Rücken an. → **Bild 5**

9. Arbeite mit der Strickliesel eine ca. 5cm lange Schnur in Weiß für den Schwanz. Schneide mithilfe der Vorlage hinten im Buch in Schwarz die Schwanzspitze aus Filz zu. Klebe den Schwanz mit Heißkleber an das Zebra und die Schwanzspitze an den Schwanz.
→ **Bild 6**

GIRAFFE

ca. 12 x 5 x 9,5 cm

SCHWIERIGKEIT

MATERIAL

Styropor®-Ei ø 6 cm

Wolle in
- Gelb

Bastelfilz in
- Gelb
- Braun

1 Pfeifenreiniger in
- Gelb, 10 cm lang

2 Halbperlen in
- Schwarz ø 5 mm

2 Halbperlen in
- Schwarz ø 4 mm

Vorlagen
- Gesicht oval
- Ohr rund klein/Auge normal
- Schwanzspitze
- Fleck Giraffe

ANLEITUNG

1. Stricke mit der Strickliesel eine ca. 120 cm lange Schnur in Gelb für den Körper. Für den Hals strickst du eine ca. 10 cm lange Schnur mit gelbem Pfeifenreiniger im Inneren, ebenfalls in Gelb. Vernähe die Fäden am Anfang und am Ende der Schnur.

2. Biege die ca. 10 cm lange Schnur in der Mitte zusammen und klebe sie mit Heißkleber aneinander. → **Bild 1 und Bild 2**

3. Klebe die zusammengeklappte Schnur vorsichtig mit etwas Heißkleber als Hals oben auf das spitze Ende des Eis.

4. Trage um den Hals herum Bastelkleber auf und beginne, den Körper mit der langen Strickschnur zu umkleben. Nimm dir einen Reißnagel oder Stecknadeln zu Hilfe. → **Bild 3**

5. Arbeite dich in Runden um das Ei herum, indem du immer wieder Kleber aufträgst und die Schnur andrückst.

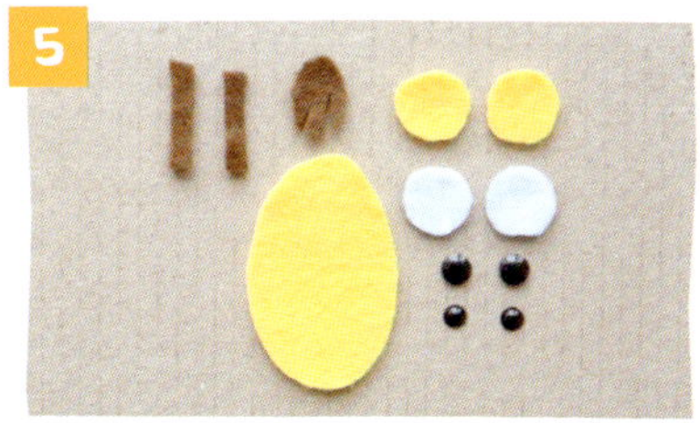

6. Für einen besseren Stand kannst du unten in der Mitte ein Stück vom Ei frei lassen. Kürze die Schnur am Ende, falls nötig.
→ **Bild 4**

7. Schneide nach den Vorlagen am Ende des Buchs folgende Teile aus Filz zu: in Gelb 1x Gesicht oval und 2x Ohr rund klein, in Weiß 2x Auge normal. Aus dem braunen Filz schneidest du freihand noch zwei Streifen als Hörner zu und ein paar Fransen als Mähne.
→ **Bild 5**

8. Lege das Gesicht vor dich und klebe die Filzaugen mit Heißkleber rechts und links in der oberen Hälfte auf das Gesicht. Klebe die Mähne an den oberen Teil des Kopfes mittig über die Augen. Die Ohren und die Hörner klebst du von hinten an das Gesicht. Klebe mit dem Schmucksteinkleber die 5-mm-Halbperlen als Augen und die 4-mm-Halbperlen als Nasenlöcher auf. → **Bild 6**

9. Klebe das Gesicht mit Heißkleber oben an den Hals.

10. Arbeite mit der Strickliesel eine ca. 5cm lange Schnur in Gelb für den Schwanz. Schneide mithilfe der Vorlage hinten im Buch in Dunkelbraun die Schwanzspitze aus Filz zu. Klebe den Schwanz mit Heißkleber an die Giraffe und die Schwanzspitze an den Schwanz.

11. Schneide mithilfe der Vorlage hinten im Buch in Dunkelbraun beliebig oft das Teil Fleck Giraffe aus und klebe sie mit Heißkleber auf den Körper der Giraffe.

Fisch

ca. 9 x 7 x 5cm

SCHWIERIGKEIT

MATERIAL

Styropor®-Ei ø 6 cm

Wolle in

- Weiß
- Orange

Bastelfilz in

- Weiß
- Orange

2 Halbperlen in

- Schwarz ø 5mm

Vorlagen

- Auge normal
- Flosse seitlich
- Flosse klein

ANLEITUNG

1. Arbeite mit der Strickliesel eine ca. 64cm lange Schnur in Weiß und eine ca. 64cm lange Schnur in Orange. Vernähe die Fäden am Anfang und am Ende der Schnüre.

2. Trage am dicken Ende des Styropor®-Eis Bastelkleber auf und drücke den Anfang der orangen Strickschnur fest. Klebe die weiße Schnur direkt daneben fest. Nimm dir einen Reißnagel oder Stecknadeln zu Hilfe. → **Bild 1**

3. Arbeite dich um das Ei herum, indem du immer wieder Kleber aufträgst und die Schnüre nebeneinander Runde für Runde um das Ei legst, bis es vollständig bedeckt ist. Kürze die Schnüre am Ende, falls nötig. → **Bild 2**

4. Schneide nach den Vorlagen am Ende des Buchs folgende Teile aus Filz zu: in Weiß 2x Auge normal, in Orange 2x Flosse seitlich und 2x Flosse klein.

5. Klebe mit Schmucksteinkleber die 5-mm-Halbperlen seitlich auf die Augen aus Filz. → **Bild 3**

6. Klebe die Augen mit Heißkleber seitlich an das dicke Ende des Eis. Achte dabei darauf, sie so zu positionieren, dass die Rundung der Schnüre aussieht wie ein Mund.

7. Klebe die kleinen Flossen mit dem kurzen Ende mit Heißkleber seitlich an den Körper. → **Bild 4**

8. Klebe die großen Flossen mit Heißkleber aneinander, lass dabei aber das kurze Ende frei. Klappe die kurzen Enden auseinander und klebe sie an das spitze Ende des Eis. → **Bild 5 und Bild 6**

MAUS

ca. 9,5 x 5 x 7cm

SCHWIERIGKEIT

MATERIAL

Styropor®-Ei ø 6 cm

Wolle in
- Hellrosa
- Hellgrau
- Schwarz (Rest)

Bastelfilz in
- Hellrosa
- Hellgrau
- Schwarz

2 Halbperlen in
- Schwarz ø 5mm

Vorlagen
- Gesicht spitz
- Auge normal/Ohr rund klein
- Ohr abgerundet

ANLEITUNG

1. Arbeite mit der Strickliesel eine ca. 10cm lange Schnur in Hellrosa und eine ca. 112cm lange Schnur in Hellgrau. Vernähe die Fäden am Anfang und am Ende der Schnüre.

2. Die Spitze des Eis zeigt nach oben. Trage in der unteren Hälfte mittig Bastelkleber auf und klebe die rosafarbene Schnur spiralförmig, zu einem Kreis gelegt, darauf fest. Nimm dir einen Reißnagel oder Stecknadeln zu Hilfe. → **Bild 1**

3. Arbeite dich mit der hellgrauen Schnur in Runden um das Ei, indem du immer wieder Kleber aufträgst und die Schnur andrückst. Beginne dabei am unteren Ende der rosafarbenen Schnur. → **Bild 2**

4. Schneide nach den Vorlagen am Ende des Buchs folgende Teile aus Filz zu: in Hellgrau 1x Gesicht spitz und 2x Ohr abgerundet, in Rosa 2x Ohr rund klein, in Weiß 2x Auge normal. Schneide in Schwarz freihand noch eine kleine runde Nase zu. → **Bild 3**

5. Klebe die Augen mit Heißkleber in den oberen Teil des Gesichts, die schwarze Nasenspitze an die untere Spitze des Gesichts und die rosafarbenen Innenohren auf die Ohren.

6. Klebe mit Schmucksteinkleber die 5-mm-Halbperlen auf die Augen aus Filz. → **Bild 4**

7. Klebe den Kopf mit Heißkleber am oberen Ende des Eis fest, drücke dabei nur den oberen Teil des Kopfes fest. Die Ohren klebst du senkrecht oberhalb des Kopfes auf.

8. Arbeite mit der Strickliesel eine ca. 5cm lange Schnur in Hellgrau für den Schwanz und vernähe die Fäden. Klebe den Schwanz mit Heißkleber an die Maus. → **Bild 5**

9. Schneide für die Schnurrhaare zwei ca. 3,5cm lange schwarze Fäden zu und klebe sie von unten gegen die Nasenspitze. → **Bild 6**

KOALA

ca. 6 x 6 x 7 cm

SCHWIERIGKEIT

MATERIAL

Styropor®-Ei ø 6 cm

Wolle in
- Weiß
- Grau
- Hellbraun

Bastelfilz in
- Weiß
- Grau
- Schwarz
- Hellgrün

1 Pfeifenreiniger in
- Hellbraun, 6 cm lang

2 Halbperlen in
- Schwarz ø 5 mm

Vorlagen
- Gesicht oval
- Nase Koala
- Ohr abgerundet
- Ohr rund klein

ANLEITUNG

1. Arbeite mit der Strickliesel eine ca. 10 cm lange Schnur in Weiß und eine ca. 112 cm lange Schnur in Hellgrau. Vernähe die Fäden am Anfang und am Ende der Schnüre.

2. Die Spitze des Eis zeigt nach oben. Trage in der unteren Hälfte mittig Bastelkleber auf und drücke die weiße Schnur spiralförmig, zu einem Kreis gelegt, darauf fest. Nimm dir einen Reißnagel oder Stecknadeln zu Hilfe. **Bild 1**

3. Arbeite dich mit der hellgrauen Schnur in Runden um das Ei, indem du immer wieder Kleber aufträgst und die Schnur andrückst. Beginne dabei am unteren Ende der weißen Schnur. **Bild 2**

4. Schneide nach den Vorlagen am Ende des Buchs folgende Teile aus Filz zu: in Hellgrau 1x Gesicht oval und 2x Ohr abgerundet, in Weiß 2x Ohr rund klein und in Schwarz 1x Nase Koala.

5. Klebe die Nase mit Heißkleber mittig in den unteren Teil des Gesichts und die weißen kleinen Ohren auf die hellgrauen Ohren. Klebe mit Schmucksteinkleber die 5-mm-Halbperlen als Augen rechts und links oben neben die Nase. **Bild 3**

6. Arbeite mit der Strickliesel eine ca. 6cm lange Schnur in Hellbraun mit dem hellbraunen Pfeifenreiniger im Inneren und vernähe die Fäden. Das wird der Ast. Schneide aus hellgrünem Filz freihand kleine Blätter zu. **Bild 4**

7. Klebe die Blätter mit Heißkleber an den Ast. **Bild 5**

8. Klebe den Kopf mit Heißkleber am oberen Ende des Eis fest, drücke dabei nur den oberen Teil des Kopfes fest. Die Ohren klebst du senkrecht oberhalb des Kopfes auf. Den Ast klebst du diagonal vorne an den Körper. **Bild 6**

BÄR

ca. 5 x 5 x 7 cm

SCHWIERIGKEIT

MATERIAL

Styropor®-Ei ø 6 cm

Wolle in
- Hellbraun
- Dunkelbraun

Bastelfilz in
- Hellbraun
- Dunkelbraun

3 Halbperlen in
- Schwarz ø 5 mm

Vorlagen
- Gesicht rund
- Schnauze
- Ohr abgerundet
- Ohr rund klein

ANLEITUNG

1. Arbeite mit der Strickliesel eine ca. 10 cm lange Schnur in Hellbraun und eine ca. 112 cm lange Schnur in Dunkelbraun. Vernähe die Fäden am Anfang und am Ende der Schnüre.

2. Die Spitze des Eis zeigt nach oben. Trage in der unteren Hälfte mittig Bastelkleber auf und drücke die hellbraune Schnur, zu einem Oval gelegt, darauf fest. Nimm dir einen Reißnagel oder Stecknadeln zu Hilfe. → **Bild 1**

3. Arbeite dich mit der dunkelbraunen Schnur in Runden um das Ei, indem du immer wieder Kleber aufträgst und die Schnur andrückst. Beginne dabei am unteren Ende der hellbraunen Schnur. → **Bild 2**

4. Schneide nach den Vorlagen am Ende des Buchs folgende Teile aus Filz zu: in Dunkelbraun 1x Gesicht rund und 2x Ohr abgerundet, in Hellbraun 2x Ohr rund klein und die Schnauze. → **Bild 3**

5. Klebe die Augen mit Heißkleber in den oberen Teil des Gesichts und die hellbraunen Innenohren auf die Ohren.

6. Klebe die Schnauze unten mittig auf das Gesicht. Klebe mit Schmucksteinkleber zwei Halbperlen als Augen auf das Gesicht und die übrige Halbperle als Nase mittig unterhalb der Augen auf die Schnauze auf. → **Bild 4**

7. Klebe den Kopf mit Heißkleber am oberen Ende des Eis fest, drücke dabei nur den oberen Teil des Kopfes fest. Die Ohren klebst du senkrecht oberhalb des Kopfes auf. → **Bild 5**

Tipp **Benutze weißes Garn und weißen Filz, um einen Eisbär zu basteln.**

FUCHS

ca. 10,5 x 5 x 7cm

SCHWIERIGKEIT

MATERIAL

Styropor®-Ei ø 6 cm

Wolle in

- Weiß
- Orange
- Schwarz (Rest)

Bastelfilz in

- Weiß
- Orange
- Schwarz

2 Halbperlen in

- Schwarz ø 5mm

Vorlagen

- Gesicht spitz
- Auge normal
- Ohr spitz groß
- Ohr spitz klein
- Schwanzspitze

ANLEITUNG

1. Arbeite mit der Strickliesel eine ca. 10cm lange Schnur in Weiß und eine ca. 112cm lange Schnur in Orange. Vernähe die Fäden am Anfang und am Ende der Schnüre.

2. Die Spitze des Eis zeigt nach oben. Trage in der unteren Hälfte mittig Bastelkleber auf und drücke die weiße Schnur, zu einem Oval gelegt, darauf fest. Nimm dir einen Reißnagel oder Stecknadeln zu Hilfe. ⇒ **Bild 1 und Bild 2**

3. Arbeite dich mit der orangefarbenen Schnur in Runden um das Ei, indem du immer wieder Kleber aufträgst und die Schnur andrückst. Beginne dabei am unteren Ende der weißen Schnur. ⇒ **Bild 3**

4. Schneide nach den Vorlagen am Ende des Buchs folgende Teile aus Filz zu: in Orange 1x Gesicht spitz und 2x Ohr spitz groß, in Weiß 2x Ohr spitz klein und 2x Auge normal. Schneide in Schwarz freihand noch eine kleine runde Nase zu.

5. Klebe die Augen mit Heißkleber in den oberen Teil des Gesichts und die schwarze Nase auf die Spitze. Klebe die kleinen weißen Ohren auf die orangefarbenen Ohren. Klebe mit Schmucksteinkleber die 5-mm-Halbperlen als Augen auf die Augen aus Filz. ⟹ **Bild 4**

6. Schneide für die Schnurrhaare 2 ca. 3,5 cm lange schwarze Fäden zu und klebe sie von unten gegen die Nasenspitze. Klebe den Kopf mit Heißkleber am oberen Ende des Eis fest, drücke dabei nur den oberen Teil des Kopfes fest. Die Ohren klebst du senkrecht oberhalb des Kopfes auf. ⟹ **Bild 5**

7. Arbeite mit der Strickliesel eine ca. 5 cm lange Schnur in Orange für den Schwanz. Schneide mithilfe der Vorlage in Weiß die Schwanzspitze aus Filz zu.

Klebe den Schwanz mit Heißkleber an den Fuchs und die Schwanzspitze an den Schwanz. ⟹ **Bild 6**

FROSCH

ca. 5,5 x 9 x 7,5 cm

SCHWIERIGKEIT

MATERIAL

Styropor®-Ei ø 6 cm

Wolle in

- Hellgrün
- Schwarz (Rest)

Bastelfilz in

- Grün
- Gelb
- Weiß

2 Pfeifenreiniger in

- Grün, 11 cm lang

2 Halbperlen in

- Schwarz ø 5 mm

Vorlagen

- Gesicht Frosch
- Auge normal
- Fuß
- Krone

ANLEITUNG

1. Arbeite mit der Strickliesel eine ca. 125 cm lange Schnur in Grün und vernähe die Fäden am Anfang und am Ende der Schnur.

2. Trage am spitzen Ende des Styropor®-Eis Bastelkleber auf und drücke den Anfang der Strickschnur fest. Nimm dir einen Reißnagel oder Stecknadeln zu Hilfe. → **Bild 1**

3. Arbeite dich in Runden um das Ei herum, indem du immer wieder Kleber aufträgst und die Schnur andrückst. Arbeite dich weiter mit der Schnur um das Ei, bis es fast vollständig bedeckt ist. Für einen besseren Stand kannst du unten in der Mitte ein Stück vom Ei frei lassen. Kürze die Schnur am Ende, falls nötig. → **Bild 2**

1

2

3

4

5

6

4. Für die Beine arbeitest du zwei ca. 11cm lange Schnüre mit grünen Pfeifenreinigern im Inneren, ebenfalls in Grün. Vernähe die Fäden am Anfang und am Ende der Schnüre. Biege die ca. 11cm langen Schnüre jeweils in der Mitte zusammen. → **Bild 3**

5. Klebe die Beine mit den offenen Enden nach unten mit Heißkleber seitlich an den Körper und biege die oberen Enden etwas nach außen. → **Bild 4**

6. Schneide nach den Vorlagen am Ende des Buchs 4x das Teil Fuß aus grünem Filz zu. Klebe die Füße mit Heißkleber an die Unterseite des Eis.

7. Schneide folgende Teile aus Filz für das Gesicht zu: in Grün 1x Gesicht Frosch, In Weiß 2x Augen normal. Schneide außerdem einen ca. 3cm langen schwarzen Faden zu.

8. Klebe die weißen Augen mit Heißkleber auf das Gesicht. Klebe mit Schmucksteinkleber die 5-mm-Halbperlen als Augen und den schwarzen Faden als lächelnden Mund auf.

9. Klebe den Kopf mit Heißkleber am oberen Ende des Eis mittig zwischen den Beinen fest, drücke dabei nur den mittleren Teil des Kopfes fest. → **Bild 5**

10. Schneide aus gelbem Filz nach der Vorlage hinten im Buch das Teil Krone zu und klebe die Enden mit Heißkleber zusammen. → **Bild 6**

11. Klebe die Krone mit Heißkleber mittig auf den Kopf des Frosches.

FLAMINGO

ca. 6 x 6 x 7cm

SCHWIERIGKEIT

MATERIAL

Styropor®-Ei ø 6 cm

Wolle in
- Pink

Bastelfilz in
- Rosa
- Magenta
- Weiß
- Schwarz

1 Pfeifenreiniger in
- Pink, 10 cm lang

2 Halbperlen in
- Schwarz ø 5 mm

Vorlagen
- Gesicht spitz
- Auge normal
- Schnabel Flamingo 1 und 2
- Flügel

Optional: 1 kleine Feder in Pink

ANLEITUNG

1. Arbeite mit der Strickliesel eine ca. 120 cm lange Schnur in Pink für den Körper. Für den Hals arbeitest du eine ca. 10 cm lange Schnur mit pinkem Pfeifenreiniger im Inneren, ebenfalls in Pink. Vernähe die Fäden am Anfang und am Ende der Schnur.

2. Biege die ca. 10 cm lange Schnur in der Mitte zusammen und klebe sie mit Heißkleber aneinander. → **Bild 1 und Bild 2**

3. Klebe die zusammengeklappte Schnur vorsichtig mit etwas Heißkleber als Hals oben auf das spitze Ende des Eis. → **Bild 3**

4. Trage um den Hals herum Bastelkleber auf und beginne, den Körper mit der langen Strickschnur zu umkleben. Nimm dir einen Reißnagel oder Stecknadeln zu Hilfe.

Arbeite dich in Runden um das Ei herum, indem du immer wieder Kleber aufträgst und die Schnur andrückst. Für einen besseren Stand kannst du unten in der Mitte ein Stück vom Ei frei lassen. Kürze die Schnur am Ende, falls nötig. **Bild 4**

5. Schneide nach den Vorlagen am Ende des Buchs folgende Teile aus Filz zu: in Pink 1x Gesicht spitz, in Weiß 2x Auge normal und 1x Schnabel Flamingo 1, in Schwarz 1x Schnabel Flamingo 2.

6. Lege das Gesicht vor dich und klebe die Filzaugen mit Heißkleber rechts und links in der oberen Hälfte auf das Gesicht und lass sie dabei oben leicht überstehen. Klebe den weißen Schnabel und anschließend darauf den schwarzen Schnabel auf. Klebe mit dem Schmucksteinkleber die Halbperlen in den unteren Bereich der Augen. **Bild 5**

7. Klebe das Gesicht mit Heißkleber oben an den Hals.

8. Schneide nach der Vorlage hinten im Buch das Teil Flügel 2x in Rosa und 2x in Magenta zu. Klebe die magentafarbenen Flügel leicht versetzt auf die rosafarbenen Flügel. **Bild 6**

9. Wenn du magst, kannst du dem Flamingo auch noch eine Feder an den Kopf kleben. Klebe die Flügel seitlich an den Körper, drücke dabei nur die obere Hälfte fest.

OKTOPUS

ca. 12 x 12 x 8 cm

SCHWIERIGKEIT

MATERIAL

Styropor®-Ei ø 6 cm

Wolle in
- Türkis
- Schwarz (Rest)

Bastelfilz in
- Schwarz
- Türkis
- Weiß

2 Halbperlen in
- Schwarz ø 5 mm

Vorlagen
- Auge normal
- Auge Oktopus
- Zylinder

ANLEITUNG

1. Arbeite mit der Strickliesel vier ca. 31 cm lange Schnüre und zwei ca. 33 cm lange Schnüre in Türkis. Vernähe die Fäden am Anfang und am Ende jeder Schnur.

2. Nimm die vier 31 cm langen Schnüre und lege sie auf das dicke Ende des Eis, die Spitze zeigt nach unten. Richte die Schnüre mittig aus und fixiere sie mit Hilfe von Stecknadeln am Ei. → **Bild 1**

3. Klebe die Schnüre mit Bastelkleber seitlich am Ei entlang, lass die Spitze des Eis dabei frei. → **Bild 2**

4. Beklebe die freien Stellen des Eis mit den anderen beiden Schnüren, beginne dabei unten zwischen den Tentakeln und arbeite

Runden von außen nach innen. Nur die Spitze des Eis bleibt frei. → **Bild 3 und Bild 4**

5. Schneide nach den Vorlagen am Ende des Buchs folgende Teile aus Filz zu: in Türkis 2x Auge Oktopus, in Weiß 2x Auge normal. Schneide außerdem einen schwarzen Faden mit 2,5cm Länge zu.

6. Klebe die weißen Filzaugen mit Heißkleber unten auf die großen, türkisen Augen. Mit dem Schmucksteinkleber klebst du die Halbperlen in den unteren Bereich der Augen. Klebe die Augen mit Heißkleber auf die Vorderseite des Oktopusses und den Faden als Mund mit Schmucksteinkleber darunter. → **Bild 5**

7. Schneide nach der Vorlage hinten im Buch aus schwarzem Filz das Teil Zylinder aus und klebe ihn mit dem unteren Ende schräg an den Kopf. → **Bild 6**

LÖWE

ca. 11 x 5 x 7 cm

SCHWIERIGKEIT

MATERIAL

Styropor®-Ei ø 6 cm

Wolle in
- Gelb
- Schwarz (Rest)

Bastelfilz in
- Gelb
- Dunkelbraun
- Schwarz

2 Halbperlen in
- Schwarz ø 5 mm

Vorlagen
- Gesicht rund
- Mähne Löwe
- Schwanzspitze
- Ohr rund klein

ANLEITUNG

1. Arbeite mit der Strickliesel eine ca. 125 cm lange Schnur in Gelb und vernähe die Fäden am Anfang und am Ende der Schnur.

2. Trage am spitzen Ende des Styropor®-Eis Bastelkleber auf und drücke den Anfang der Strickschnur fest. Nimm dir einen Reißnagel oder Stecknadeln zu Hilfe. → **Bild 1**

3. Arbeite dich in Runden um das Ei herum, indem du immer wieder Kleber aufträgst und die Schnur andrückst. Arbeite dich weiter mit der Schnur um das Ei, bis es fast vollständig bedeckt ist. → **Bild 2**

4. Für einen besseren Stand kannst du unten in der Mitte ein Stück vom Ei frei lassen. Kürze die Schnur am Ende, falls nötig. → **Bild 3**

5. Schneide nach den Vorlagen am Ende des Buchs folgende Teile aus Filz zu: in Dunkelbraun 1x Mähne, in Gelb 1x Gesicht rund und 2x Ohr rund klein. Schneide außerdem freihand noch in Schwarz ein kleines Dreieck als Nase zu und aus schwarzem Garn 2 Fäden mit ca. 3 cm Länge. → **Bild 4**

6. Klebe das Gesicht mit Heißkleber auf die Mähne, die Ohren von hinten an die Mähne, die Schnurrhaare in den unteren Bereich des Gesichts und die Nase darauf. Mit Schmucksteinkleber klebst du die Augen in den oberen Bereich des Gesichts. → **Bild 5**

7. Klebe den Kopf mit Heißkleber am oberen Ende des Eis fest. → **Bild 6**

8. Arbeite mit der Strickliesel eine ca. 5 cm lange Schnur in Gelb für den Schwanz.

9. Schneide mithilfe der Vorlage am Ende des Buchs in Dunkelbraun das Teil Schwanzspitze aus Filz zu. Klebe den Schwanz mit Heißkleber an den Löwen und die Schwanzspitze an den Schwanz.

FAULTIER

ca. 12 x 5 x 11cm

SCHWIERIGKEIT

MATERIAL

Styropor®-Ei ø 6 cm

Wolle in
- Hellbraun
- Dunkelbraun

Bastelfilz in
- Hellbraun
- Dunkelbraun
- Hellgrün
- Dunkelgrün

2 Pfeifenreiniger in
- Hellbraun, 23cm lang

1 Pfeifenreiniger in
- Dunkelbraun, 12cm lang

3 Halbperlen in
- Schwarz ø 5mm

Vorlagen
- Gesicht oval
- Auge Faultier
- Blatt

ANLEITUNG

1. Arbeite mit der Strickliesel eine ca. 116cm lange Schnur in Hellbraun für den Körper. Für die Arme arbeitest du zwei ca. 23cm lange Schnüre in Hellbraun mit hellbraunen Pfeifenreinigern im Inneren. Vernähe die Fäden am Anfang und am Ende der Schnur.

2. Trage am dicken Ende des Styropor®-Eis Bastelkleber auf und drücke den Anfang der langen Strickschnur für den Körper fest. Nimm dir einen Reißnagel oder Stecknadeln zu Hilfe. → **Bild 1**

3. Arbeite dich in Runden um das Ei herum, indem du immer wieder Kleber aufträgst und die Schnur andrückst.

4. Nach vier Runden oder ca. 3,5cm ab dem Anfang nimmst du dir eine der kürzeren Schnüre mit den Pfeifenreinigern und klebst sie

als die beiden Arme am Körper fest, sodass die überstehenden Enden gleich lang sind und wie Arme nach oben zeigen. Achte dabei darauf, dass die Schnur, die du um den Körper legst, zwischen den Armen durchkommt. Nimm wieder Nadeln zu Hilfe, um die Schnur am Körper zu fixieren, bis der Kleber angetrocknet ist. → **Bild 2**

5. Klebe die lange Schnur zwei weitere Runden um das Ei herum und klebe dann die zweite kurze Schnur als Beine genauso wie die erste am Ei fest. → **Bild 3**

6. Arbeite dich weiter mit der Schnur um das Ei, bis es vollständig bedeckt ist. Kürze die Schnur am Ende, falls nötig.

7. Schneide nach den Vorlagen am Ende des Buchs folgende Teile aus Filz zu: in Hellbraun 1x Gesicht oval, in Dunkelbraun 2x Auge Faultier.

8. Lege das Gesicht vor dich und klebe die Filzaugen mit Heißkleber rechts und links auf das Gesicht. Klebe mit dem Schmucksteinkleber die Halbperlen als Augen und die Nase auf.

9. Klebe das Gesicht mit Heißkleber am dicken Ende des Körpers vor den Armen fest. → **Bild 4**

10. Arbeite mit der Strickliesel eine ca. 12 cm lange Schnur in Dunkelbraun mit dem dunkelbraunen Pfeifenreiniger im Inneren und vernähe die Fäden. Das wird der Ast.

11. Klebe mit Heißkleber den Ast zwischen die Arme des Faultiers. → **Bild 5**

12. Schneide das Teil Blatt 2x in Dunkelgrün und 1x in Hellgrün aus. Klebe die Blätter mit Heißkleber an den Ast. → **Bild 6**

SCHWEIN

ca. 8 x 5 x 7 cm

SCHWIERIGKEIT

MATERIAL

Styropor®-Ei ø 6 cm

Wolle in

- Rosa

Bastelfilz in

- Hellrosa
- Pink

1 Pfeifenreiniger in

- Rosa, 10 cm lang

2 Halbperlen in

- Schwarz ø 5 mm

2 Halbperlen in

- Schwarz ø 4 mm

Vorlagen

- Gesicht oval
- Nase Schwein
- Ohr spitz groß

ANLEITUNG

1. Arbeite mit der Strickliesel eine ca. 125 cm lange Schnur in Rosa und vernähe die Fäden am Anfang und am Ende der Schnur.

2. Trage am spitzen Ende des Styropor®-Eis Bastelkleber auf und drücke den Anfang der Strickschnur fest. Nimm dir einen Reißnagel oder Stecknadeln zu Hilfe. → **Bild 1**

3. Arbeite dich in Runden um das Ei herum, indem du immer wieder Kleber aufträgst und die Schnur andrückst. Arbeite dich weiter mit der Schnur um das Ei, bis es fast vollständig bedeckt ist. Für einen besseren Stand kannst du unten in der Mitte ein Stück vom Ei frei lassen. Kürze die Schnur am Ende, falls nötig. → **Bild 2**

4. Schneide nach den Vorlagen am Ende des Buchs folgende Teile aus Filz zu: in Hellrosa 1x Gesicht oval, in Pink 1x Nase Schwein und 2x Ohr spitz groß.

5. Klebe mit Heißkleber die Nase auf den unteren Teil des Gesichts und die Spitzen der Ohren nach unten. Mit dem Schmucksteinkleber klebst du die 5-mm-Halbperlen als Augen rechts und links oberhalb der Nase auf und die 4-mm-Halbperlen als Nasenlöcher auf die Nase. **Bild 3**

6. Klebe den Kopf mit Heißkleber am oberen Ende des Eis fest. **Bild 4**

7. Arbeite mit der Strickliesel eine ca. 10 cm lange Schnur in Rosa mit dem rosafarbenen Pfeifenreiniger im Inneren und vernähe die Fäden. Drehe die biegsame Schnur zu einem Ringelschwanz ein. **Bild 5**

8. Klebe den Schwanz mit Heißkleber an das Schwein. **Bild 6**

IGEL

ca. 6 x 6 x 7 cm

SCHWIERIGKEIT

MATERIAL

Styropor®-Ei ø 6 cm

Wolle in

- Hellrosa
- Dunkelbraun

Bastelfilz in

- Hellrosa
- Braun
- Grau

3 Halbperlen in

- Schwarz ø 5 mm

Vorlagen

- Gesicht Igel
- Ohr rund klein

ANLEITUNG

1. Arbeite mit der Strickliesel eine ca. 10 cm lange Schnur in Rosa und eine ca. 112 cm lange Schnur in Dunkelbraun. Vernähe die Fäden am Anfang und am Ende der Schnüre.

2. Die Spitze des Eis zeigt nach oben. Trage in der unteren Hälfte mittig Bastelkleber auf und drücke die rosafarbenen Schnur, zu einem Oval gelegt, darauf fest. Nimm dir einen Reißnagel oder Stecknadeln zu Hilfe. → **Bild 1**

3. Arbeite dich mit der dunkelbraunen Schnur in Runden um das Ei, indem du immer wieder Kleber aufträgst und die Schnur andrückst. Beginne dabei am unteren Ende der rosafarbenen Schnur. → **Bild 2**

4. Schneide nach der Vorlage hinten im Buch das Teil Gesicht Igel aus rosafarbenem Filz zu. Klebe mit Schmucksteinkleber die 5-mm-Halbperlen als Augen rechts und links in den oberen Bereich des Gesichts und die übrige Halbperle als Nase an die Spitze des Gesichts. ⇨ **Bild 3**

5. Klebe das Gesicht mit Heißkleber am oberen Ende des Eis fest, drücke dabei nur den oberen Teil des Kopfes fest. Schneide nach der Vorlage hinten im Buch 2x das Teil Ohr rund klein aus braunem Filz zu und klebe die Ohren senkrecht seitlich am Kopf an. ⇨ **Bild 4**

6. Schneide aus grauem Filz freihand ganz viele kleine, schmale Rechtecke zu und klebe sie als Stacheln auf den Rücken des Igels. Das geht auch gut mit dem Schmucksteinkleber. ⇨ **Bild 5 und Bild 6**

ELEFANT

ca. 13 x 7,5 x 7cm

SCHWIERIGKEIT

MATERIAL

Styropor®-Ei ø 6 cm

Wolle in

- Grau

Bastelfilz in

- Grau
- Hellrosa
- Weiß

1 Pfeifenreiniger in

- Dunkelgrau, 5cm lang

2 Halbperlen in

- Schwarz ø 5mm

Vorlagen

- Gesicht rund
- Ohr rund groß
- Ohr abgerundet
- Schwanzspitze

ANLEITUNG

1. Arbeite mit der Strickliesel eine ca. 125cm lange Schnur in Grau und vernähe die Fäden am Anfang und am Ende der Schnur.

2. Trage am spitzen Ende des Styropor®-Eis Bastelkleber auf und drücke den Anfang der Strickschnur fest. Nimm dir einen Reißnagel oder Stecknadeln zu Hilfe. → **Bild 1**

3. Arbeite dich in Runden um das Ei herum, indem du immer wieder Kleber aufträgst und die Schnur andrückst. Arbeite dich weiter mit der Schnur um das Ei, bis es fast vollständig bedeckt ist.

4. Für einen besseren Stand kannst du unten in der Mitte ein Stück vom Ei frei lassen. Kürze die Schnur am Ende, falls nötig. → **Bild 2**

5. Arbeite mit der Strickliesel eine ca. 5cm lange Schnur in Grau mit dem grauen Pfeifenreiniger im Inneren und vernähe die Fäden. Schneide nach den Vorlagen am Ende des Buchs folgende Teile aus Filz zu: in Grau 1x Gesicht rund und 2x Ohr rund groß, in Rosa 2x Ohr abgerundet. → **Bild 3**

6. Klebe die biegsame Strickschnur mit Heißkleber als Rüssel mittig auf das Gesicht aus Filz. Klebe die rosafarbenen Ohren im unteren Bereich auf die großen grauen Ohren. Mit dem Schmucksteinkleber klebst du die Augen rechts und links oberhalb des Rüssels auf. → **Bild 4**

7. Schneide freihand in Weiß zwei kleine Stoßzähne zu. Klebe den Kopf mit Heißkleber am oberen Ende des Eis fest. Die Ohren klebst du nur mit dem unteren Rand seitlich hinter den Kopf. Die Stoßzähne klebst du rechts und links neben den Rüssel → **Bild 5**

8. Arbeite mit der Strickliesel eine ca. 5cm lange Schnur in Grau für den Schwanz. Schneide mithilfe der Vorlage in Grau die Schwanzspitze aus Filz zu. Klebe den Schwanz mit Heißkleber an den Elefanten und die Schwanzspitze an den Schwanz. → **Bild 6**

EULE

ca. 5 x 5,5 x 6,5 cm

SCHWIERIGKEIT

MATERIAL

Styropor®-Ei ø 6 cm

Wolle in

- Hellbraun
- Dunkelbraun

Bastelfilz in

- Hellbraun
- Dunkelbraun
- Weiß
- Gelb

2 Halbperlen in

- Schwarz ø 5 mm

Vorlagen

- Gesicht Eule
- Auge normal
- Schnabel spitz
- Flügel

ANLEITUNG

1. Arbeite mit der Strickliesel eine ca. 10 cm lange Schnur in Hellbraun und eine ca. 112 cm lange Schnur in Dunkelbraun. Vernähe die Fäden am Anfang und am Ende der Schnüre.

2. Die Spitze des Eis zeigt nach oben. Trage in der unteren Hälfte mittig Bastelkleber auf und drücke die hellbraune Schnur, zu einem Oval gelegt, darauf fest. Nimm dir einen Reißnagel oder Stecknadeln zu Hilfe. → **Bild 1**

3. Arbeite dich mit der dunkelbraunen Schnur in Runden um das Ei, indem du immer wieder Kleber aufträgst und die Schnur andrückst. Beginne dabei am unteren Ende der hellbraunen Schnur. → **Bild 2**

4. Schneide nach den Vorlagen am Ende des Buchs folgende Teile aus Filz zu: in Hellbraun 1x Gesicht Eule, in Weiß 2x Auge normal und in Gelb 1x Schnabel spitz. → **Bild 3**

5. Klebe den Schnabel mit Heißkleber auf den unteren Teil des Gesichts und die Augen aus Filz darüber. Klebe mit Schmucksteinkleber die 5-mm-Halbperlen auf die Augen aus Filz. → **Bild 4**

6. Klebe den Kopf mit Heißkleber am oberen Ende des Eis fest, drücke dabei nur den oberen Teil des Kopfes fest. → **Bild 5**

7. Schneide nach der Vorlage hinten im Buch 2x das Teil Flügel aus dunkelbraunem Filz aus und klebe sie mit Heißkleber seitlich an den Körper, drücke dabei nur den oberen und mittleren Teil am Körper fest. → **Bild 6**

AFFE

ca. 5 x 12 x 12 cm

SCHWIERIGKEIT

MATERIAL

Styropor®-Ei ø 6 cm

Wolle in

- Dunkelbraun
- Schwarz (Rest)

Bastelfilz in

- Hellbraun
- Dunkelbraun
- Hellgrün
- Dunkelgrün

2 Pfeifenreiniger in

- Braun, 7 cm lang

1 Pfeifenreiniger in

- Braun, 10 cm lang

2 Halbperlen in

- Schwarz ø 5 mm

Vorlagen

- Gesicht Oval
- Schnauze
- Ohr rund klein
- Blatt

ANLEITUNG

1. Arbeite mit der Strickliesel eine ca. 125 cm lange Schnur in Dunkelbraun und vernähe die Fäden am Anfang und am Ende der Schnur.

2. Trage am spitzen Ende des Styropor®-Eis Bastelkleber auf und drücke den Anfang der Strickschnur fest. Nimm dir einen Reißnagel oder Stecknadeln zu Hilfe. → **Bild 1**

3. Arbeite dich in Runden um das Ei herum, indem du immer wieder Kleber aufträgst und die Schnur andrückst. Arbeite dich weiter mit der Schnur um das Ei, bis es fast vollständig bedeckt ist. Für einen besseren Stand kannst du unten in der Mitte ein Stück vom Ei frei lassen. Kürze die Schnur am Ende, falls nötig. → **Bild 2**

4. Schneide nach den Vorlagen am Ende des Buchs folgende Teile aus Filz zu: in Dunkelbraun 1x Gesicht oval, in Hellbraun 1x Schnauze und 2x Ohr rund klein. Schneide außerdem einen schwarzen Faden mit einer Länge von ca. 2cm für den Mund zu.

5. Klebe mit Heißkleber die Schnauze auf den unteren Teil des Gesichts und die Ohren von hinten seitlich an das Gesicht. Mit dem Schmucksteinkleber klebst du die 5-mm-Halbperlen als Augen rechts und links oberhalb der Schnauze auf und den Faden als Lächeln auf den Mund. ⇒ **Bild 3**

6. Klebe den Kopf mit Heißkleber am oberen Ende des Eis fest.

7. Arbeite mit der Strickliesel zwei ca. 7cm lange Schnüre und eine 10cm lange Schnur in Dunkelbraun, alle mit den braunen Pfeifenreinigern im Inneren, und vernähe die Fäden. Klebe die beiden 7cm langen Schnüre mit Heißkleber seitlich an den Körper. ⇒ **Bild 4**

8. Schneide nach der Vorlage hinten im Buch aus Filz 3x in Hellgrün und 2x in Dunkelgrün das Teil Blatt zu und klebe sie mit Heißkleber an die 10cm lange Schnur. ⇒ **Bild 5**

9. Klebe jeweils einen Arm von vorne und einen von hinten mit Heißkleber an den Ast, damit es aussieht, als würde sich der Affe daran festhalten. ⇒ **Bild 6**

VORLAGEN

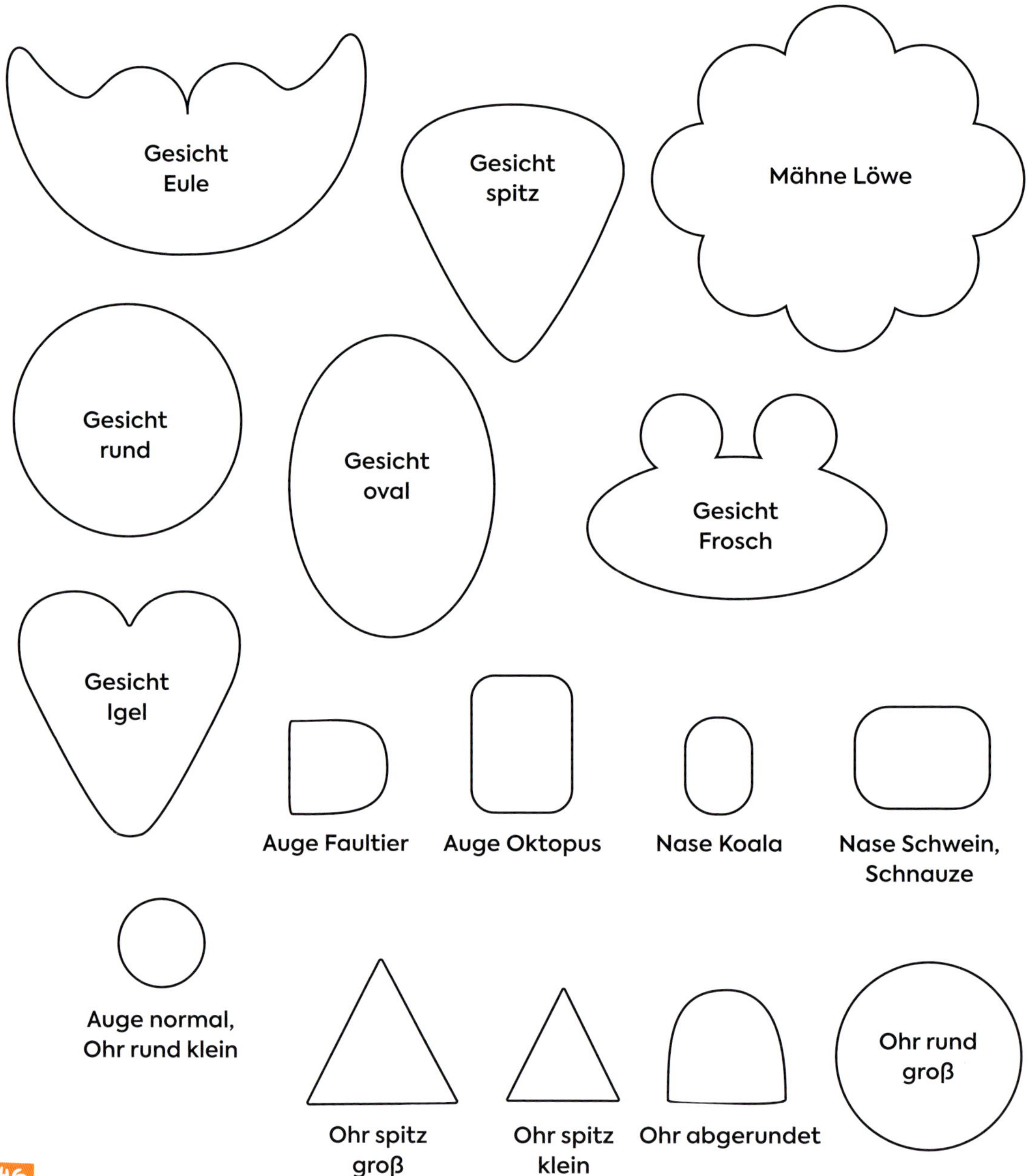
Gesicht Eule
Gesicht spitz
Mähne Löwe
Gesicht rund
Gesicht oval
Gesicht Frosch
Gesicht Igel
Auge Faultier
Auge Oktopus
Nase Koala
Nase Schwein, Schnauze
Auge normal, Ohr rund klein
Ohr spitz groß
Ohr spitz klein
Ohr abgerundet
Ohr rund groß

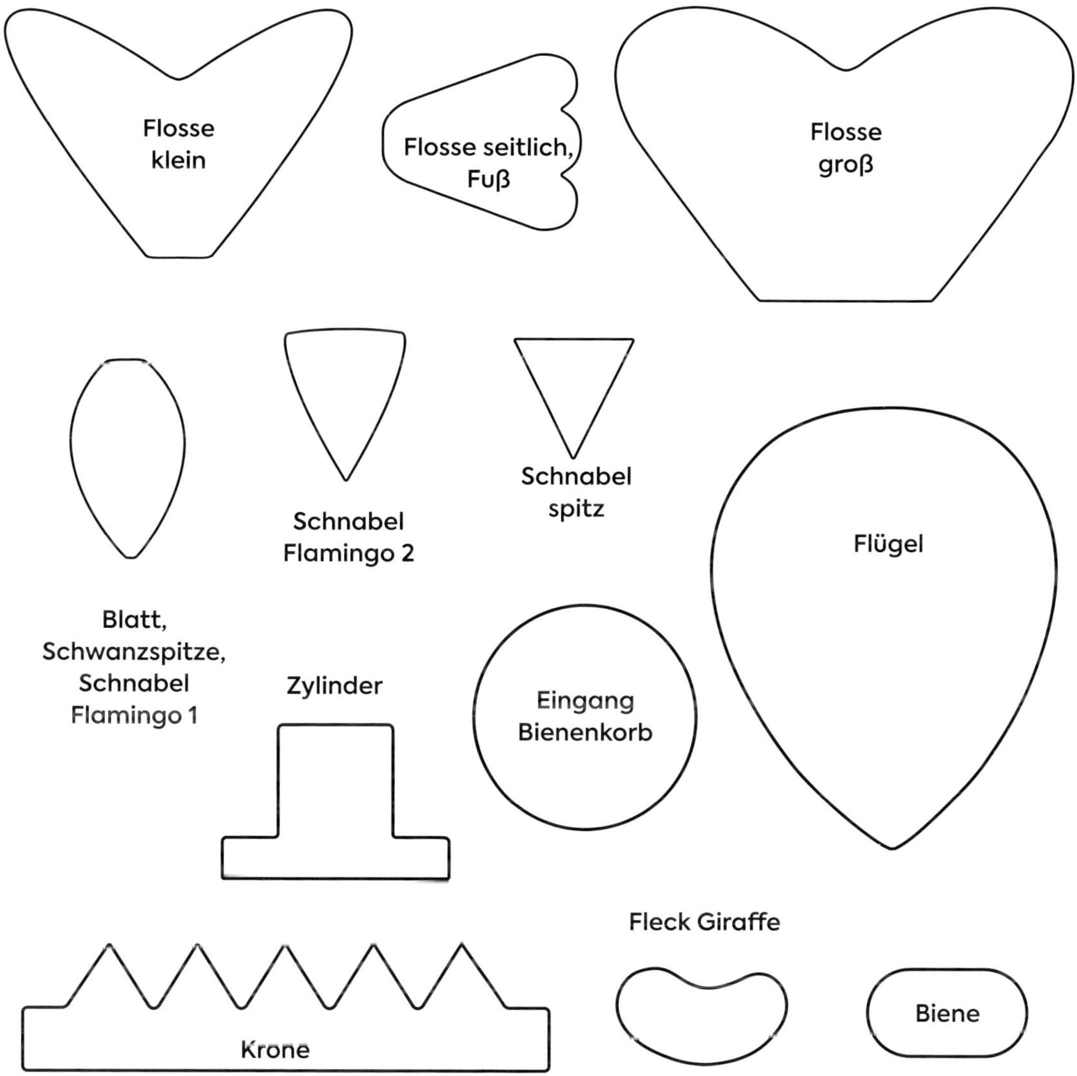
Flosse klein
Flosse seitlich, Fuß
Flosse groß
Schnabel Flamingo 2
Schnabel spitz
Flügel
Blatt, Schwanzspitze, Schnabel Flamingo 1
Zylinder
Eingang Bienenkorb
Fleck Giraffe
Krone
Biene

DANKSAGUNG

Ein ganz großes Dankeschön an meinen Mann, meine Familie und meine Freunde, die mich immer unterstützen und sich mit mir über jedes neue Projekt freuen.

Außerdem danke ich dem gesamten Team vom EMF-Verlag und ganz besonders meiner Lektorin Melanie Kowalski dafür, dass ihr bereits fünf Bücher mit mir realisiert habt.

IMPRESSUM

Bibliografische Information der Deutschen Bibliothek.

Die Deutsche Bibliothek verzeichnet diese Publikation in der Deutschen Nationalbibliografie. Detaillierte bibliografische Daten sind im Internet über http://www.dnb.de/ abrufbar.

EIN BUCH DER EDITION MICHAEL FISCHER

1. Auflage 2024

Covergestaltung und Layout: Emilia Nedwidek
Satz: Emilia Nedwidek, Janine Kühnle
Bilder: © Silke Deidl Images, München (Cover- und Projektbilder), © Sarah Prieur (Schrittbilder)
Produktmanagement und Lektorat: Melanie Kowalski

ISBN 978-3-96093-222-2

Gedruckt bei Polygraf Print,
Čapajevova 44, 08001 Prešov, Slowakei